कुछ अल्फ़ाज़ मेरे भी

प्रतीक कश्यप

क्रम-सूची

1. ” कविताएँ ”

1. क्या है.."कविता"

अतीत के चूल्हे पर कल्पना का बर्तन
मन के भाव-भंगिमा से तर्पण
शब्द तीक्ष्ण पंक्तिया मीठी
गर्म आंच मे दोनों अर्पण
विचार-प्रहार से तैयार कविता
कभी विष कभी अमृत समर्पण
काव्य-कथ्य की शैली तुली-नपी
देश-समाज को दिखाती दर्पण

2. "आत्म-सम्मान"

धागे आत्म-सम्मान के
सीता जी प्राण के राम जी बाण के
अडिग अचल मान के खिलाफ कोई शान के
सुग्रीव जान के बाली बलवान के
लंका सुशोभित भंडार लंकेश के ज्ञान के
एक पूँछ काल बनी अंजनी पुत्र हनुमान के
देवकी चिंतित कोठर मे कान्हा के प्राण के
तोड़े मिथ्या काले नाग के कंस के अभिमान के
सुदामा-कृष्ण की मित्रता छपी ब्रज रमे गुण गान के
सुदामा के भान के कान्हा के दान के

वेद-ज्ञान से ओत-प्रोत पोथी- पुराण के
अब तो यारों जान लो धागे आत्म-सम्मान के

3. "हिंदी"हमारी मातृभाषा..

विश्व-धरोहर अनोखा देश
भारत-भूमि छत्तीसगढ़ प्रदेश
परंपरा रीति-प्रथा अलंकृत
साहित्य-संगम से जड़ित स्वदेश
अनेको भाषाएँ विभिन्न बोली
जाति-प्रजाति की समूह-टोली
भेद-भाव ना जाने हम अकिंचित
साहित्यिक भाषा हिंदी हमजोली
तारीख चौदह वर्ष उन्नीस सौ ऊँचास
साहित्यकार व्यौहार राजेंद्र सिन्हा की जयंती पचास
स्वीकार हुई जनमानस की भाषा
यही हैं हिंदी-दिवस का इतिहास
अटल, अचल, अडिग सा रूप
अंध-राहों मे पथिक स्वरूप
हुए सब जब व्यथित यहाँ
मातृभाषा माँ ममता अधिरूप
एक देश नहीं अब परदेस हर
सवार प्रगति के शीर्ष पर
विकट,विशाल जटिल पथ
अग्र अडिग डिगे ना सर
पहचान जन-जन पावे सिद्धी
खौले-घोले रग-रग मे आवे अपार वृद्धि
गजानन विराज मध्य रिद्धि- सिद्धी
उर्दू-फ़ारसी मध्यान ठाठ हिंदी पावे समृद्धि

अस्त्र-शस्त्रों से विभूषित भारत
चिर-शास्त्रों से साज सजे
महत्व यहाँ विपुल महत्वाकाँछी
भारत-भारती मातृभाषा यहाँ गुणगान बजे
करूँ तोहे ललाट तिलक-बंदन
मातृभाषा तोहे चरण-वंदन
जुड़ी एक कड़ी से दूजी कड़ी
मातृभाषा का मातृभूमि से अटूट-बँधन

4. "पर्दा"...एक छुपी कहानी

ओढ़े लिबास मानुष यहाँ सच का
झूठी किस्सों से ढँका हैं पर्दा
बे-तलब मीठी बोली यहाँ गुड़ सी
कड़वी नीम से ढँका हैं पर्दा
इत्र महक रही हैं फूलो से
शूलों से ढँका हैं पर्दा
तौहीन-इज़्ज़त किसकी करें
उसूलो से ढँका हैं पर्दा
भोर पर रात का पर्दा
विजय और मात का पर्दा
मरते कटते कई जान जाते
इंसा के ऊपर जात का पर्दा
अथाह गहराई भीतर भीतर
लहरों के उफानो का पर्दा
वादियाँ भी कहाँ नजर आती
पर्वत-पहाड़ो से ढँका है पर्दा
आसमाँ को निहारे कैसे
सूरज की किरणों का पर्दा

कैसे देखे सूरज की लाली
बादलों से ढँका हैं पर्दा
हाथों मे चूड़ियों का पर्दा
पैरों मे पायल का पर्दा
आँखो मे काजल, कानो मे झुमके
औरत पहने श्रृंगार का पर्दा
आइना समाज का देश का
क़ानून नियम डाले पर्दा
उजले सितारों की भीड़ यहाँ
दलालो, कालों से ढंका हैं पर्दा
जन्मे तो तन पर पर्दा
मरे तो कफन पर्दा
इधर पर्दा उधर पर्दा
अब क्या जान ही ले लेगा ये पर्दा

5. "स्त्री का समर्पण"

हुई थी मै प्रेम सम्मोहित
किया सब-कुछ तुझ पर समर्पित
त्यागी कुटिया तुझे पाने के वास्ते
कर दिया तुमने मुझे विसर्जित
हुई विवाह मानती हूँ इच्छित
भर मांग सिंदूर या कोई रक्त-रंजित
गले मे लिपटी मंगलसूत्र विष-सर्प सी
ठहरा तू बस जिस्म का भक्षित
हाथों मे मेहंदी भी अंकित
नाम तेरा वहां भी चिन्हित
आई ना रास वो भी तुझे
रिक्त काँच के टुकड़ो से टंकित

सोची थी पतिव्रता निभाती
मैं भी इक दिन तीज मनाती
जीती शान से सर उठाकर
ऊँची होती औरत की जाति
विघ्न-कष्टों से किया सिंचित
दिया गहरे-ज़ख्म, मलहम वंचित
झुका कटा-गला, सी दिया मुँह
आवाज नहीं अब काया मूर्च्छित
'कश्यप' की लेखनी जरा किंचित
सामाजिक सोच यहाँ कुंठित

6. "ख़याल".. एक मायाजाल

ख़याल मे डूबी सी
नब्ज़ भी थमी सी
एक ही टकटकी से
निहारता ही चला गया
ख़याली पुलाव सी
जुड़ी कोई लगाव सी
स्वाद कुछ खट्टे-मीठे से
जुबाँ लगाता ही चला गया
भँवरों की गुनगुन सी
मधुर बोली बँसी धुन सी
लहराती ताल समंदर से
कोई किनारा ढूंढता ही चला गया
मौसम अलसायी सी
धीमी अंगड़ाई सी
चादर इक सिहरती बदन से
मखमली ओढ़ाते ही चला गया

ज़ुल्फ़ें कोई लटों सी
उलझी जड़े वटो सी
सुलझती एक पहेली से
मैं उलझाता ही चला गया
रात्रि पहर यादें खोयी सी
सुध-बुध भूल अंतर्मन सोयी सी
एक जंजाल मकड़ी मायाजाल से
सपनों का बुनता ही चला गया

7. अल्फ़ाज़ के टुकड़े....

इक प्यासा कोई रफीक नाम का, तड़प रहा इक कतरे क़ो
बूँद मिले तो प्यास बुझे, जान बची टाले खतरे क़ो
सामने मुसाफिर कई नये, तन पर पहने लिबास नये
देख तमाशा खड़े रहे, खा रहे रसीले संतरे क़ो
आया कोई चीथड़े कपड़े वाला, रंग काला कोई श्याम सा
वेशभूषा से समझ ना पड़े, नाम बताया कुछ राम सा
देख अचंभित हुए प्राणी, राम के हाथों रफीक पीता पानी
हाय तौबा हर मुँह मे बसे, इधर रफीक की जान बचे
देख नजारा कुछ यूँ हादसा, कश्यप गहन विचार करें
अल्फ़ाज़ के टुकड़े आज भी, मज़हब की गुणगान करें

8. "कोरा कागज"

सहता हर वक़्त कलम की चुभन
खामोशी का आलम झलकता है
वो कोरा कागज है साहब वो कहाँ कुछ बोलता है
सजीव चित्र उकेरता अपने ऊपर
प्राणी जगत घबराता है

जो लिख दे सच्चाई उस पर
निःशब्द मजबूत गवाह बन जाता है
वो कोरा कागज है साहब वो कहाँ कुछ बोलता है
हतप्रभ मानव अचरज मानव
थोप कर उस नादाँ पर अपना सर्वस्व
कभी संभालता है कभी जलाता है
वो कोरा कागज है साहब वो कहाँ कुछ बोलता है

9. कम्बखत-ऐ-जिंदगी से प्यार हो गया

हालात-ऐ-दस्तूर से मुलाक़ात हो गया
कुछ बनते-बनते सब कुछ बिगड़ गया
अब किन-किन बातों का जिक्र करूँ मैं
कम्बखत-ऐ-जिंदगी से प्यार हो गया
फूलों की तरह बिखर गया काँटों की तरह सिहर गया
नजरबंद इस जहाँ में आज सब कुछ बिछड़ गया
साहिल-ऐ-समंदर पहुँचते-पहुँचते मैं फिर से थक गया
कम्बख़त-ऐ-जिंदगी से प्यार हो गया
कुछ जगाये थे ख़्वाब इन आँखों में
कुछ सजाये थे अश्क़ो को इन पलकों पे
भार ना सह पाया आज वह फिर से बह गया
कम्बखत-ऐ-जिंदगी से प्यार हो गया

10. तुम सुनो मै कुछ बोल रहा हूँ

जिन्दा हूँ इसीलिए जी रहा हूँ
ना जाने क्यूँ इतना पाकर भी कुछ खो रहा हूँ
मन की बातें आज खोल रहा हूँ
ना जाने मैं ऐसा क्यूँ बोल रहा हूँ

शब्द है अल्फाज़ है वक़्त भी बेहिसाब है
ना जाने फिर इस जुबाँ को किससे तोल रहा हूँ
आँखे मज़बूर आँसू बहाने को फिर भी रोक रहा हूँ
ना जाने मैं खुद को इतना क्यूँ टोक रहा हूँ
बंद आँखों से आज मैं सपने में जाग रहा हूँ
ना जाने मैं आज क्यूँ सो रहा हूँ
जिन्दा हूँ इसीलिए जी रहा हूँ
ना जाने क्यूँ इतना पाकर भी कुछ खो रहा हूँ

11. आँखे भी कहती हैं.. जुबाँ भी कहता हैं

देख दुनिया की दुर्दशा रोष रोष में आग उबलता हैं
आँखे भी कहती हैं जुबाँ भी कहता है !!
भूखे पेट सोता किसी चौराहे पर कोई बच्चा
गली मोहल्ले नंगे पाँव भटकता हाथ फैलाता
दर-दर की ठोकरे खाता
ना मिले कुछ तो खाली हाथ लौट आता
सामने उसके कोई अज़ीज़ इंसान
शेरू, टॉमी को दूध बिस्किट खिलाता
देख ऐसे हालात इस दिल में कैसी आग उमड़ता है
आँखे भी कहती हैं जुबाँ भी कहता हैं !!
महिलाओ पर होता शोषण और अत्याचार
समाज नहीं देता उसको उनका पूरा अधिकार
आगे आते उनके कुछ अच्छे विचार हो जाते वे मार-पीट का शिकार
कोख में पल रही मासूम बच्ची पर जब फिर से कोई ऊँगली उठाता
हैं
माँ की ममता रोती हैं उसका हृदय रोता हैं
आँखे भी कहती हैं जुबाँ भी कहता हैं !!
देख दुनिया की दुर्दशा रोष रोष में आग उबलता हैं

आँखे भी कहती हैं जुबाँ भी कहता है !!

12. "मेरी बीती कहानी"

वो हर रात मेरे सपनों मे आती है
कभी गुनगुनाती है कभी गुदगुदाती है
मेरी एक बीती कहानी ही तो है
कभी रुलाती है कभी हँसाती है
सोई आरज़ू को जगाती है
कुछ खट्टी कुछ मीठी लोरियाँ सुनाती है
ये जो नैनों मे छायी है थोड़ी सी बेरुखी
पलकें गीली कर मोतियों से सजाती है
पिंजरो मे बंद परिंदो को उड़ना सिखाती है
दिल क़ी बेचैनी क़ो थोड़ा और बढाती है
कमरे पर बैठे बैठे कितना सोचते है हम
कभी बाहर आओ छत पर तो खुली आसमाँ दिखाती है
वो मेरी बीती एक कहानी ही तो है
कभी रुलाती है कभी हँसाती है

13. "एक सुन्दर ख्वाब"

सुन्दर हैं वो रूप तेरा, तू जो इठलाती इतराती
देख तेरी जो ये अदा, दिल बहक-बहक सा जाता हैं
कंचन सी काया तेरी, वो आँखों की मस्तानी चाल
देख ये नजारा आँखे मेरी, मस्त मगन जो हो जाता हैं
अलबेली की वो अटखेलियाँ, तू जो यूँ जुल्फें बिखराती
लगता मानो मस्त पवन झूम-झूम सा जाता है
रूप सौंदर्य की तू ही रानी, चलती कटि डोलती सयानी
देखि जो ये नजराना मन पिघल-पिघल सा जाता हैं

चंचल सी तेरी ये हरकतें, रातों की नींद उड़ा
खुली आँखों मे एक सुन्दर ख्वाब जगाता हैं

14. "चाहत.."

चाहत मेरी कुछ इस कदर
चाहूं ना फिर भी चाहता हूँ
बादलों में चाँदनी की ये आंख-मिचोली
बन चाँद मैं उससे मिलना चाहता हूँ
दूर है मुझसे वो सितारों की झिलमिल बस्तियों में
एक आस इस दिल में जगाना चाहता हूँ
कुबूल करले मेरा ये इश्क का इक फ़रमान
टूटते तारों में मैं तुझमें खो जाना चाहता हूँ
चाहत मेरी कुछ इस कदर
चाहूं ना फिर भी चाहता हूँ

15. "क्या लिखूं".. किक्या हो तुम

महका दे आँगन आँगन वो बाग़ हो तुम
जला दे तन बदन वो आग हो तुम
कर दे दूर ये अंधेरा सूरज की वो किरण हो तुम
जिसे पाने श्री राम दौड़े वो सोने की हिरण हो तुम
क्या लिखूं कि क्या हो तुम.....
बागों मे खिली हर फूलों कि कलियाँ हो तुम
मस्तमगन झूम रही भवरों कि सहेलियाँ हो तुम
रवि का भोर हो तुम , संध्या का शाम हो तुम
दिल मे हो तो एक मीठा एहसास हो तुम
क्या लिखूं कि क्या हो तुम.....
जो जुबाँ से हटती नहीं वो सुरीली राग हो तुम

जो जुबाँ से उतरते नहीं वो अल्फ़ाज़ हो तुम
मेरे प्रेम गीतों का एक साज हो तुम
जो किसी से मैं कहता नहीं बस वही बात हो तुम
क्या लिखूं कि क्या हो तुम.....

16. धुंधली विचार

चूल्हे की गर्म आंच
तपती हुई इच्छाएँ
सुलगती किसी लकड़ी के
छिलनी के धुएँ से
धुंध मे विचरती सपने
लाल अंगारो की चमकती धातु
एक चिमटी से श्रृंगार छाँटती
उमड़ती विचार पक़ कर तैयार
उत्सुकतापूर्ण जल्दबाजी
धूँ-धूँ जली भड़की आग
हाथ जला सब खाक
सब खाक बन गयी राख

17. "बन मयकशी मै तुझे पीता रहा"

खोकर तुझमे मै जीता रहा
ज़ख्मी दिल खुद को सीता रहा
बनकर एक नशा सी चढी हैं सिर पर
बन मयकशी मै तुझे पीता रहा
पहरा दिये बैठे हैं पलकों पर आँसू
शिकन मस्तक नया मै बुनता रहा
रोते-रोते थक चुकी हैं निगाहें मेरी

कतरो से मै मोती चुनता रहा
तन्हा शाम हर रोज पुकाराती मुझको
मयखाने की महक बहकाता रहा
बनकर एक नशा सी चढ़ी हैं सिर पर
बन मयकशी मै तुझे पीता रहा

18. रिश्ता उधार का....

समय आया तो दिया भी
समय आया तो लिया भी
नादाँ मैं तुच्छ सा बालक
समझ ना सका रिश्ता उधार का
मिट्टी के बर्तन मे रोटी जिया भी
काँच की प्याली मे नशा पीया भी
छोटी सी थी कोई कोशिश अधूरी
समझ ना सका रिश्ता उधार का
वक़्त का बड़ा सहारा भी
किस्मत का थोड़ा मारा भी
दो पल मे सब कुछ सीखा दिया पर
समझ ना सका रिश्ता उधार का

19. तुम कहाँ हो....

खोजने चला मै मुसाफिर दर-दर भटकता हूँ
अधर को जैसे प्यास की लगी हो तलब सी
मै खुद से खुद को एक ही सवाल करता हूँ
तुम कहाँ हो.....
धुंध उड़ी है बादलों मे नजर नहीं आता कुछ
इक मोती पत्ते पे ठहरा गिरने को हो आतुर जैसे

मै पलकों पे आँसू का कतरा लिए पूछता हूँ
तुम कहाँ हो.....
अम्बर है नीली सी धरा क़ो सिंचे
कोई मुझे अपनी ओर खींचे
पलाश का रसपान की तलाश मे भटकते भौरों की तरह
मै हर शहर ढूंढता हूँ
तुम कहाँ हो....

20. कुछ लिखना चाहूँ

दिल की बातें थोड़ी सी यादें संजोना मै चाहूँ
आधी रात नींद उड़ा ख्वाबों में खोना मै चाहूँ
कुछ अधूरी सी है मोहब्बत की दास्ताँ
इश्क के पन्नों पर कुछ लिखना मै चाहूँ
हल्की सी मुस्कान तेरे होंठो पर
जुल्फों से लहराती तेरी अदाकारियाँ
दीदार से पहले पलकों को धोना मै चाहूँ
इश्क के पन्नों पर कुछ लिखना मै चाहूँ

21. " हाल-ए-मोहब्बत "

इकरार-ऐ-मोहब्बत" में ग़ालिब का हाल मैं क्या सुनाऊँ
इज़ाज़त हो तो तुझे बस इक हाथ लगाऊँ
महफूज ना हो जाये ये जिंदगी कहीं
छिपकर झरोखे से तुझसे नजरें चुराऊँ
बनके गुजरा जो मोहब्बत पे इक भयंकर बवंडर
उन तूफानों से जरा मैं नजरें मिलाऊँ
पास आऊँ धीमे लहजो से तुझे लोरियाँ सुनाऊँ
सोने की पालकी में बिठा तुझपे चांदी की तह चढ़ाऊँ

बड़ी बेचैनी में काँटे ये तन्हा रातें उफ़्फ़
सुनहरी हो जाये ये हसीन रात इक दफा
"इश्क-ऐ-फरमान" मैं अब तुमसे फरमाऊँ
गर हो इज़ाज़त तो तुझे मेरी इन पलकों पे बिठाऊँ
बनके घटा जो छायी है ये मोहब्बत तेरी मुझपे
आज बारिशों से मैं खुद को ना बचाऊँ

22. मुझे खुद से खोने को जी चाहता है

सब्र बांधते बांधते थक गया हूँ मैं
तोड़ने को जी चाहता है
हाँ मुझे खुद से खोने को जी चाहता है
आसमां में उड़ती इन बादलों की तरह
बनके धुआँ उड़ जाना चाहता हूँ मैं
सफर-ऐ-जिंदगी की राहें छोड़ने को जी चाहता है
हाँ मुझे खुद से खोने को जी चाहता है
वक़्त की भूल-भुलइया में उलझ सा गया हूँ मैं
ना जाने किस राह में भटक गया हूँ मैं
अब तो बस एक ही जवाब इस दिल से आता है
हाँ मुझे खुद से खोने को जी चाहता है

23. तमस घनघोर छायी है

ढल गयी ये सुबह ढली ये शाम अलसायी है
बादलों ने ये क्या रूप लिया कैसी आकृति बनायीं हैं
पंछी वापस चले आशियाने अपने-अपने
"चुप्पी" साधे बैठे वृक्षो के पत्ते, तमस घनघोर छायी हैं
जुगनू की चमक जैसे दिखाती राहें..
पथिक बन मैं पीछे चल पड़ा पकड़ उसकी बाहें

झींगुर की आवाज कुछ "अजीब दृश्य" मन मस्तिक मे लायी हैं
भयभीत होकर मै "सहमा", तमस घनघोर छायी हैं
उजागर नहीं होता सब कुछ मन मे आहट एक समायी हैं
सपनो में ये चित्र अनोखा शब्द "डर" जो लायी हैं
हो खड़ा मैं नींद से उठ, तमस घनघोर छायी हैं

24. बातें इश्क की

गुल खिला करते है ज़ब दो दिल मिला करते है
फूलों की खुशबू से ये बगियन महका करते है
बहकती इन हवाओं से कुछ गुफ़्तगू करते हैं
चलो आज इश्क की बातें करते हैं
यूँ ही नहीं डूब जाता कोई प्रेम के सागर मे
पानी की हर बूंदों के साथ रमना पड़ता है
करती हुई अटखेलियाँ समुन्दर मे ये लहरें उठा करते हैं
चलो आज इश्क की बातें करते हैं
बनके घटा ज़ब बरसती हैं बादल जमीं पे
खेलती हैं सरोवर मे मीन, मेंढक टरटराया करते हैं
हवाओं के रुख कुछ यूँ बदलते मौसम रंगीन बनाते हैं
मिल जाते आपस मे प्रेम की बात बताते हैं
चलो आज इश्क की बातें करते हैं
चलो आज इश्क की बातें करते हैं

25. "हुआ एक ये भी बुखार"

हुई मोहब्बत हुआ इक दफ़ा ये प्यार
नशा है या है कोई ख़ुमार
बिना मौसम के आये बहार
बारिश है या है कोई फुहार

प्रेम की कश्ती मे होके सवार
चले हम दरिया के उस पार
आगे है मुश्किलें हजार
डूबेगी नैया या हो जायेगा ये दरिया पार
बीच समुन्दर हो खड़ा
सोच रहा "कश्यप" लेके हाथों मे पतवार

26. बहरूप इश्क

ये इश्क की राहें है या है कोई सिलसिला
दिल मे जली अंगारे है या कोई है जलजला
प्रेम प्यास बढ़ा रही
नित नये गीत गा रही
आस दिल मे लेकर फिरे
दुनिया से वो ना डरे
फ़िक्र नहीं क्या बोलती दुनिया
डूब चुका है वो जो है प्रेम की दरिया
देखो कहीं इश्क मशरूफ ना हो जाये
इश्क इश्क से ही बहरूप ना हो जाये

27. क्योंकि.. तुम हमेशा याद आते हो

क्यों इस नादाँ दिल को तड़पाते हो
क्यों यूँ तुम देख मुझे शरमाते हो
तुम्हारी मोहब्बत मे लिख दिए किताब सारी
क्योंकि तुम हमेशा याद आते हो
बिखरती इन हवाओ मे
महकती इन फिज़ाओ मे
तुम यूँ जुल्फें अपनी बिखराते हो

थकती नहीं ये जुबाँ तेरे हुश्न की तारीफ़ मे
क्योंकि तुम हमेशा याद आते हो
दूर रहकर करीबी का एहसास दिलाते हो
मोहब्बत का लेप इस सीने मे इस तरह लगाते हो
यूँ जुगनू की तरह मेरे सपनो मे
अंधेरों की महफ़िल मे चमककर रोशनी फैलाते हो
कैसे दूर रहूँ अब तुझसे
क्योंकि तुम हमेशा याद आते हो

28. कुछ लिखते जाते है

कलम की नोंक आज
खुली किताब पे घिसते जाते है
चलो आज हम कुछ लिखते जाते है
जिंदगी की इस समुन्दर मे
हम भी लफ्ज़ो के दो बूँद छलकाते है
चलो आज हम कुछ लिखते जाते है
शब्दों की शैया आज हम
कोरे कागज पे बिछा जाते है
चलो आज हम कुछ लिखते जाते है
मीठी जुबाँ से निकली हर बोली
आज फूलों की तरह बिखराते है
चलो आज हम कुछ लिखते जाते है

29. मुलाकात.. एक इत्तेफ़ाक

आज एक अजीब इत्तेफ़ाक हो गया
आज खुद से मुलाक़ात हो गया
खुद की नजर मे खुद को निहार रहा था

थोड़ा सा डर रहा था थोड़ा शरमा रहा था
थोड़ा सा बेफिक्र थोड़ा सा सावधान
आख़िर खुद को मैं सम्हाल रहा था
नजरें ताँकती रही मेरी
शायद कुछ साबित करने मे लगी हुई थी
सही को गलत और गलत को सही ठहराने मे लगी हुई थी
आख़िरकार आँखों मे सच्चाई मेरी झाँक रहा था
खुद की नजर मे खुद को निहार रहा था
आज एक अजीब इत्तेफाक हो गया
आज खुद से मुलाक़ात हो गया

30. चलते चलते यूँ कहीं रुक ना जाना

आशाओं के पर बाँध निकले
कभी साथ तो कभी अकेले
तुफानो के कहर में कहीं बिखर ना जाना
चलते चलते यूँ कहीं रुक ना जाना
लाख उठती लहरें समुन्दर की
लेकर मुसीबतों का खजाना
सीख लेना करना मुसीबतों का सामना
चलते चलते यूँ कहीं रुक ना जाना
मंजिल की चाह मे राहों से कहीं भटक ना जाना
चलते चलते यूँ कहीं रुक ना जाना
चलते चलते यूँ कहीं रुक ना जाना

31. कैद "कश्यप"

हजारों सोयें आधी रात यहाँ मैं शब तेरे इंतजार मे
मयस्सर नहीं कुछ भी यहाँ दिल बैठे आघात मे

हृदय विचलित कँपकपी सी रूह तड़पती सुकून की चाह मे
घोर तमस चहुँ ओर व्याप्त शापित यहाँ मोड़ हर राह मे
जानूँ मैं तो क्या जानूँ भला यहाँ नहीं कोई मेरे साथ मे
बैठा मैं मायूस कुछ भटका-भूला रख हाथ के ऊपर हाँथ में
भ्राँति मन कुछ यूँ हैं ठहरी सिहरता बदन इस हालात मे
कैद हैं "कश्यप" मान ले जरा विचारविमुढ़ हवालात मे

2. " शायरी "

1. मोहब्बत

ना कर फैसला मोहब्बत का
ना कर फैसला मोहब्बत का
इतनी क्या जल्दी हैं
अरे अभी अभी तो इश्क परवान चढ़े हैं
उतरने की क्या जल्दी हैं
कि उसकी तारीफ़ में लिख दूँ पूरी किताब भी
कि उसकी तारीफ में लिख दूँ पूरी किताब भी
अधूरी हैं तारीफ अभी और तो करने दे
किताब भरने की क्या जल्दी हैं

2. सब बयाँ हो जाती है

होती नही कोई गुफ़्तगू
होती नहीं कोई गुफ़्तगू
क्या से क्या हो जाती है....
नजरें ज़ब मिलती है तो सब बयाँ हो जाती है !!
कि....
उमड़ रहा है प्यार बादल का इस जमीं के लिए
उमड़ रहा है प्यार बादल का इस जमीं के लिए
दिखावा नही है....
ज़ब बारिश होती है तो सब बयां हो जाती है !!

और कहते रहे वो मुझसे कि तुम याद नहीं करते
और कहते रहे वो मुझसे कि तुम याद नहीं करते
वो पागल है...
एक हिचकी आती है तो सब बयाँ हो जाती है !!

3. छोड़ो यार जाने दो रहने दो ना

हवा चल रही है.... चलने दो ना
नदियाँ बह रही है.... बहने दो ना
हर बार इजहार से ही हो प्यार की आवारगी
जरुरी तो नहीं... जरुरी तो नहीं..
छोड़ो यार जाने दो रहने दो ना...
बनकर हादसा जो गुजरा इश्क बेपरवाह
जान ही तो लेगी....लेने दो ना
कुछ ख़ामोशी भी झलकाती थी उसकी
कि प्यार उसे भी था मुझसे
किस्सा अभी कितना सुनाऊ कुछ देर रोने दो ना
छोड़ो यार जाने दो रहने दो ना...

4. तन्हाई-ऐ-आलम

हो दूर तो एक अहसास ये दिल जगाता है
हो दीदार ख्वाबों में तेरा चेहरा ये दिल शरमाता है
बनके घटा सी ये अम्बर तरस रही बरसने को
जो पास आओ तो आँखों से ही जाम छलक जाता है
तेरी "हुश्न-ऐ-तारीफ़" में ना जाने कितने फूलों पर दाग़ लगाया
आज काँटों की बारी आयी तो उसने भी फ़रमाया
"महफ़िल-ऐ-शाम" में हमने क्या गुनाह किया
जो "गुलजार-ऐ-गुलबदन" को ही तोड़ हमे दगा कर जाता है

5. शेर-ओ-शायरी

बे-अदब बेगाना हूँ
तू हसीन परियों की रानी मैं मस्त-मगन दीवाना हूँ
वो पूछती रही क्या नशा है तुझमे
वो पूछती रही क्या नशा है तुझमे
तू शराब की बोतल तो मैं पूरा मयखाना हूँ
तू हो बहती नदियों जैसी तो मैं थमा वो सागर हूँ
जिससे तेरी प्यास बुझ रही मैं वही भरा गागर हूँ
बनके बारिश की बूँदे वो बहुत इतरा रही
बनकर घटा सा फैला है जो सिर के ऊपर
कह दो उससे मैं वही बादल हूँ

6. जख्मी रास्ता इश्क का

वो पानी पानी नजर आ रहा है
देखो समुन्दर है वहाँ
नादाँ अकेला है इस तन्हाई में
मुझे जाने दो वहाँ
और सुना है कि...
काँच के टुकड़ो से सजा कर रखी हो तुम इश्क की राहें
मौका तो दो हमें जखम खाने का वहां

7. प्यार हुआ था

थोड़ा सा ही सही
थोड़ा सा ही सही
प्यार ही तो हुआ था

दो पल मे कैसे कह देता
प्यार हुआ था
खता-ऐ-इश्क कितनी बार देखा हूँ मै
छोड़ो यार... जाने दो
प्यार ही तो हुआ था

8. कीमत मोहब्बत की

कई राज छुपा रखा हूँ इस दिल मे
बोल दूँ क्या.... बोल दूँ क्या....
ताला लगाकर रखा हूँ इस दरवाजे पर
चाबी से खोल दूँ क्या
और....
लायी हो बड़ी कीमत चुकाकर ये प्यार तुम बाजार से
मेरे पास तराजू है तौल दूँ क्या

9. यार धोखा हो गया

उनकी शरारती नजरें यार धोखा हो गया
शहद सी मीठी बातें यार धोखा हो गया
शबनमी रातो मे ताँकती नजर मेरी उसे
करवटे बदलती ये अँधेरी सपने यार धोखा हो गया
हिलती कमर खनकती पाजेब उसकी
अंगड़ायी मौसम आज मौका हो गया
बगियन मे छूने चला था मैं उड़ती तितली
हाथ ना आयी यार धोखा हो गया
और सुनो कि
घुमाया तो मैं भी था बल्ला बड़ी जोर से
धोनी का छक्का और मेरा चौका हो गया

अब क्या करूँ यार मैं तो कह ही रहा था
यार धोखा हो गया यार धोखा हो गया

10. जवाब चाहिए

लिख कर नाम उसका छोड़ आया हूँ कोरा कागज
उसके पास
पढ़ ले वो शब्द समझे मुझे तो अर्थ ही अर्थ है
उसके पास
हाथ मे गुलाब या है कोई तीखी तेज छूरी
एक लाल रंग ही जवाब मन करे दे दे ज़ो है
उसके पास

11. फँस गये ना

मीठी मीठी मोहब्बत
मीठी मीठी मोहब्बत
फँस गये ना.. फँस गये ना...
देखा एक धड़कता दिल का कोठर
और तुम वही जाकर बस गये ना
ये इश्क़ महज एक जाल है बरखुरदार
मैं कहता भी था यार तुमसे
अब क्या करे फँस गये ना

12. देर हो गयी

यूँ कहूँ तो बस अब देर हो गयी
या यूँ कि देर सबेर हो गयी
शक की किरणे ज़ो आ रही थी

रोशनदान से रिश्तों तक
एक दरार हजार टुकड़े क्षत-विछत
माफ़ी जहाँपनाह...
बहुत देर हो गयी

13. बाते अदब की

सूरज से थोड़ा धूप माँगकर लाया हूँ
चाँद के हिस्से से कुछ दाग़ हटा कर आया हूँ
बहुत था गुरुर ऊन तारों-सितारों को खुद पर
अब धरती पर भी टिम-टिमाने लगे है तारे
मै उन जुगनुओं से बात कर आया हूँ

14. रिश्ता नाजुक सा

पर्दे की बात पर्दे से हो ना सकी
पर्दे की पर्दे से बात हो ना सकी
पर्दा पर्दा से रूठ गया
एक ही डोर से दोनों थे बँधे
देखो रिश्ता टूट गया

15. इंसानी जहर

आप से हम से हम से आप से
ही तो बनता है ये गांव ये शहर
फिर लोग क्यूँ भटकते है यहाँ दर-बदर
दुबक कर बैठ गये किसी कोने मे
बिच्छू और सांप की टोलियाँ
इंसान यहाँ अब उगलने लगे है जहर

16. जहरीली दुआ

किसका कहाँ और कब तक मैं
इंतजार करूँ
इज़ाज़त हो तो थोड़ा आराम करूँ
कहता हूँ कि छाले पड़े ज़ख्म गहरे नासूर बना
जहरीली दुआओ से अपना इलाज करूँ

17. रास्ते.. मोहब्बत के

एक सफर मे धूप की चादर बिछा रखा हूँ
कहीं पाँव ना जल जाये इस खातिर थोड़ा बादल बचा रखा हूँ
गुलाब की पंखुड़ियों से ढँकी है राह-ऐ-मोहब्बत
कितना आसाँ नजर आता है ना यहाँ चलना
नीचे जलती हुई अँगारे सजा रखा हूँ

18. एक शाम चाहिए

मैं कोई भटकता आवारा सा
मुझे भी तो एक काम चाहिये
हाथों मे हाथ निगाहें साथ
ऐसी एक सुहानी शाम चाहिए
बेझिझक सवाल हजार कर लो मुझसे
तुम्हारे मुँह से बस एक आखिरी जवाब चाहिए
और कहता हूँ कि थक सा गया है ये दिल मेरा
तुम्हारे दिलों मे इसे आराम चाहिए
ग़र जवाब ना हो तो कान मे आकर कह देना
ग़र जवाब ना हो तो कान मे आकर कह देना

मयखानो की गलियाँ पुकारती है मुझको
बस फिर क्या.. इक प्याली और हाथों मे ज़ाम चाहिए

19. गाँव

उड़ने तो चला था मै वापस वही पर आ गया
ज़मीर से जुड़ा था.. जमीं पर आ गया
ता-उम्र गुजऱ चुकी जिसे पाने की ललक थी
खुदा मानो खुद यकीं मे आ गया
शोर हो चली यहाँ बहुत है कोलाहल
कान मे खटकी तो मन रोष मे आ गया
हो गुमशुदा आधी रात मै चूर मदहोश कहीं
पंछीयों के कलरव से मै होश मे आ गया
शहर-शहर ढूंढता मै इक सुकून कहते जिसे
मै बरगद की छाँव मे आ गया
बंद पलकों मे एक ख़्वाब सज रही थी
नींद खुली तो गांव मे आ गया

20. खबर बताते जा

खबर तेरी मुझे मिली नहीं
अपनी खबर तो मुझे बताते जा
नींदो मे मेरी तुम आके ख्वाबों मे
एक सपना मिलन की जगाते जा
इस नादान दिल रूपी पंछी को
पिंजरे से बाहर खुले आसमां मे उड़ाते जा
यूँ ना छुपा चेहरा अपनी इस घूंघट के पीछे
नजर से मेरी अपनी नजर तू मिलाते जा
खबर तेरी मुझे मिली नहीं

अपनी खबर तो मुझे बताते जा

21.गुलजार फूल और तन्हा कांटे

फूलों को तोड़ किसी ने काँटों को तन्हा कर गया
फूलों को तोड़ किसी ने काँटों को तन्हा कर गया
फूल भी गयी मुरझा काँटे भी सिहर गये
ज़ालिम बिना छुरी चलाये सर-ऐ-आम क़त्ल कर गया

22.अँधेरा छा गया

फूलों की शैया बिछ गयी
फूलों की शैया बिछ गयी
पत्तों में सन्नाटा छा गया
ये जुगनू रौशनी लेकर ना जाने कहाँ कहाँ भटक रहा
उससे कह दो थाम ले खुद को
गुमनाम हैं वो रौशनी कहीं किसी के ख्वाब-ओं-ख्यालों में
इन पलकों पे तो आज अंधेरा छा गया

23.ना उफ़्फ़ किया ना आह किया

कुछ गमगीन पल आयी थी बहार बनकर
कुछ खट्टी मीठी सी दामन में बंधकर
समेट लिया अपनी कुछ आरजू कुछ अधूरी ख्वाहिशों को
उन हसीन लम्हों को मैंने यूँ ही जाने दिया
बेशक़ दर्द की आग में जलकर इन आँखो से बहे थे कीमती अश्क़
सब कुछ सह लिया ना उफ़्फ़ किया ना आह किया

24. उलझा बगियन

गुलबदन हैं उस गुलजार की वो गुलशन
यूँ उसका "इस्राफ़" ना कर देना
अमानत हैं उस बगियन की वो अत्र
यूँ उसका "इत्लाफ" ना कर देना...

25. तुम्हारा बन जाऊँ

तुम्हारे हर सवाल का मै जवाब बन जाऊँ
तेरे इस दिल का मै कर्जदार बन जाऊँ
किस्सा कुछ यूँ बन जाये अपनी
दर्द मे साथ कुछ इस कदर हो
आँखे तुम्हारी हो
और मै आंसुओ का सैलाब बन जाऊँ

26. हस्र-ऐ-मोहब्बत

"कहर-ऐ-सुनामी" किसी मोहब्बत में क्या हस्र हुए
हमने भी बड़े गौर से देखा है
बिना सांसो के जीते देखा है
खुली आँखों से मरते देखा है

27. तन्हा "कश्यप"

साथ नही हूँ किसी के नहीं हूँ किसी के पास मै
अकेला हूँ मुझे तन्हाई अच्छी लगती है
वक़्त - बेवक़्त क्या सताएगी मुझको किसी की यादें
मुझे तो अब अपनी परछाई अच्छी लगती है

28. ईमान

खिलखिलाती हैं कलियाँ बेफिकर
हिफ़ाज़त हथियार से यहाँ शूल करते हैं
भूल कर लोग क्यूँ भूल करते हैं
लोग यहाँ ईमान को धूल करते हैं

29. टूटा दिल

शब्द फिर से ठहर गये चलते-चलते
शायद कलम का साथ फिर से छूट गया
पलकों भी थक सी गयी मोतियों को चुनते चुनते
एक शीशा था दिल फिर से टूट गया

30. राज

मोहताज नहीं कोई किसी का
यहाँ सब अपने में सरताज है
क्यों आती है फूलों से सुगंध और काटों से ज़ख्म
विचारणीय यहाँ अब भी ये राज है

31.नासूर जख्म

इक रोज कोई ज़ब आगोश मे शमा आती हैं
क्यूँ शहर मे हवा आती हैं
परवाने वैसे भी हो जाते है खाक जलकर
क्यूँ ज़ख्म भरने कोई दवा आती हैं

32. छुपी बाते

उजले सितारों के़ भीड़ मे काले बहुत हैं
फूलो के़ गुलदस्ते मे जाले बहुत हैं
चलकर मै उससे मिलने जाऊं तो जाऊं कैसे
कड़ी धूप मेरे नंगे पाँव छाले बहुत है

33.हलाल परिंदा

नज्म अभी आधा अधूरा है
पानी मटके मे पूरा पूरा है
प्यासा परिंदा पानी पीकर मर गया
मालिक के़ हाथों मे अभी भी छूरा है

34. नया क्या है

कह दूँ हर बात जुबाँ से नया क्या है
आँखों से इशारा नया क्या है
इक मोहब्बत की ही तो इम्तिहान है प्यारे
मैं चुप बैठा
वो सुनती रहे
बता नया क्या है

35.जालिम जिंदगी

टूटे छत पर पत्थर फेकता है
कभी तालाब पर
कभी नदी मे फेकता है
हर दर पर नसीब

ठोकरे खाती
ज़ालिम जिंदगी...
कभी इधर फेकता है
कभी उधर फेकता है

36.अहसास तुम्हारा हर पल

लिखकर हर उसकी गुफ़्तगू
कागज पर उसे ढूंढ़ लेता हूँ
ज़ब भी खलती है कमी उसकी
उभरे अक्षरों को हल्के हाथों से छू लेता हूँ

37. मै खुद को उलझा रहा था

यादों की गुत्थी से एक यादें सुलझा रहा था
कितना पागल हूँ मैं खुद को उलझा रहा था
बस एक झलक का ही था इंतजार
मैं नींद को चैन से सुला रहा था

38.तुम क्या कर आये

एक मोहब्बत थी जो तुम कर आये
तुम्हे खुद मालूम है जो तुम कर आये
बेपरवाह, बेपनाह, बेइंतहा कर आये
भूल यही हुई तुमसे जो तुम कर आये

39.एक दूरी.. खुद से

उस तरफ क्या रखा है

इस तरफ तो दिल रखा है
फिराक मे है तोड़ने की इसे भी वो
ये कश्यप का दिल है ऐसे थोड़ी रक्खा है
और कहता हूँ कि..
हल्के हाथों से वो छूना चाहती है मुझे
हल्के हाथों से वो छूना चाहती है मुझे
मजाल क्या किसी का
मैंने तो खुद को ही खुद से दूर रक्खा है

40.सुलगता "इश्क"

धीरे-धीरे राख हो चली है
ये मोहब्बत के तहखाने
सूबह-ओ-शाम इश्क
अब सुलगने लगी है

41.क्या लिखूं

विचारयुक्त आंखे ग़मगीन क्या लिखूँ
दर्द लिखूँ ज़ख्म लिखूँ क्या लिखूँ
कागज गीली कलम सहमी क्या लिखूँ
नज्म लिखूँ गज़ल लिखूँ क्या लिखूँ

42.दिखा नहीं मगर

इंसा संवर गया आइना देखकर
आइना ना दिखा उसको मगर

43.बेवफाई

बिछाकर बिसात उसने खेल खूब रचा
एक तरफ मोहब्बत... एक तरफ तन्हाई
इधर थी बेवफाई .... और उधर थी रुसवाई

44. छू कर देखा है

उसकी नीली आँखों मे घूरकर देखा है
बड़े प्यार से प्यार को छूकर देखा है
गहराइयों मे गोते लगा रहे है इश्क-ऐ-नादाँ
मैंने ऐसे एक समुन्दर मे डूबकर देखा है

45. जख्मी दिल

इक रोज कोई ज़ब आगोश मे शमा आती हैं
क्यूँ शहर मे हवा आती हैं
परवाने वैसे भी हो जाते है खाक जलकर
क्यूँ ज़ख्म भरने कोई दवा आती हैं

46. मुखौटा

कि हो बेनकाब जरा "तस्वीर-ऐ-पर्दा" हटा दे
आजीवन कैद तेरे नैनों में रिहा की तारीख़ बता दे

47.जागती कलम

हजारों शेर मेरे सो गए है कागज की क़ब्रों पर
और मासूम कलम मेरी उन्ही क़ब्रों पर कुछ चित्र उकेर रही

48. बेखबर तारे

टूटे तारे इस इंतज़ार में गिर रहे
कहीं किसी के गोद का आसरा होगा
मासूम तारे सच से बेखबर
यही उनकी जिंदगी का सबसे बड़ा हादसा होगा

49.बावला मुख़्तसर

हिज़्र की रात
ज़ख्म हुए साथ
कुरेद रहा दरख़्त
चीख रहा छाल
मुन्तज़िर मैं बहे अश्क़
मैं बावला मुख़्तसर

50.बेसुध जिंदगी

लम्हा लम्हा ये वक़्त गुजर जायेगा
ज़िक्र किसकी दीदार किसका
सब नजरों से ओझल हो जायेगा
जिंदगी की इस भागम-भाग मे
औचित्य कहीं खो जायेगा
एक दिन काटकर ये बेसुध जिंदगी
सदा के लिए सो जायेगा